EL MAGO DE LAS PALABRAS

Transformación cuando las palabras te leen

ALBERTO ACOSTA

Agradecimientos

A mi amada esposa Margarita Wiechard, por darle sustancia y cuerpo a mis sueños.

A mi tío Chico Hernández, por mostrarme otros mundos a través de los libros.

A mis padres Francisco y Epifanía, por darme las causas de mi búsqueda.

A Eulogio.

A todos mis tíos, primos, primas y amistades.

A mi gran amigo y maestro espiritual, Víctor Reyes.

A Carmen Bernal y Víctor Puertodan, por obsequiarme la palabra convertida en poesía.

A Fabiola y Fernando Ríos, por su apoyo incondicional.

A mis hermanos y hermanas, por sus abrazos y andanzas.

A Modesto y Arcelia Castañeda, por su enseñanza y buenos momentos en reuniones.

A Iván Aguilar.

A Gabriela Villaseñor, por su valor y entrega y por darme dos hermosas hijas.

A mis hijas, Xchel Marín y Vanessa Celeste, por llenar mis días de gozo y enseñarme a vivir.

A mis nietos, Damian, Aryelle, Jade, Alex, Jisenia y en especial, Arius.

A Greg, Dea y Natalie.

Quiero dar mención especial a mis abuelos Luis, Eleuteria y Lucrecia por todo el tiempo y amor que me procuraron, gracias.

Índice

La catarsis

Todos pensamos en algún momento de nuestra vida que el tiempo pasa y consume parte de los recuerdos, y que sólo deja una neblina que muy poco permite ver un futuro.

Todos tenemos estos acertijos disfrazados de estaciones temporales. De niños pensamos, ¿qué tanto nos falta por conocer lo que otros ya saben? Vemos las cosas tan lejanas, pero de adultos, más pesa el saberse tan distantes del principio.

La vida es una bella mujer que nos lleva a todos en un costal de sorpresas, pero cuando este costal tiene una pequeña abertura, existe la posibilidad de caer en el camino y ver por donde se transita; poder observar realmente de qué estamos hechos.

En estas hojas hay palabras que, al sentir el pulso de alguien queriendo encontrarse, alguien buscando su identidad propia, o alguien que simplemente quiere dejar de ser, resbalan por las pupilas limpiando la basura de los ojos.

El mago de las palabras es memoria en la piel, reflexiones con aceptación del tiempo y una invitación a descubrir tus pensamientos mientras navegas con las palabras.

Recuento

"Lo que ya se puede decir después del sufrimiento".

Sin forma de poder explicarlo y no encontrando las palabras para plasmar en algo tangible, sólo cuando llega este preámbulo que nos pone de frente a la puerta de lo desconocido, podemos decir que nos lanzamos a un vacío, donde un colchón de comprensión soporta el cuerpo de incertidumbres en el que nos encontramos.

Pasamos momentos en que creemos conocer y tener el control de todo; no sabemos que la vida nos observa con las manos detrás, escondidas, para darnos sorpresas tan inquietantes como esas canciones que sus letras hacen llorar o reír de la ironía de que alguien tiene mejores ideas que uno mismo.

Una mano empujando

Desde la ventana veo pasar el polen de los árboles, un viento que lleva y esparce por todos lados ese color amarillo, - al menos algo tiene color en mis ojos-. Me he llenado de excusas y mis labios han soplado tantas palabras sin color, que sólo han crecido más muros, donde todo el mundo se protege para esconder sus íntimos sentimientos.

Buscar un consuelo sólo en la catarsis, donde la independencia es un cordón umbilical, al final, somos dependencia de todo, la diferencia es que cuando lo aceptas, eres libre, al igual que un rayo de luz atravesando un pensamiento, ¿por qué puedes ver tus oscuros pensamientos?

Sólo es tener ojos más limpios para ver todo más transparente.

Inmersos en las ideas que pueden dar poder, damos forma a las fantasías creyendo que tienen sustento; así caminamos por tierras insaciables, que consumen nuestras carnes de sueños y vagan como moscas, quemándose al ser tocadas por las lenguas de fuego en una hoguera llamada contemplación, y no esa hoguera infame, inquisidora, donde los juicios devoran al que se pregunte sobre sí mismo, al que dude, al que sienta su respiración.

Una voz ahogándose en una disipada nota, unas manos mostrando sus líneas, y en la cabeza, la espada de un Guerrero muerto clavada en la piedra de los recuerdos, ¿a cuántos pájaros espanta sueños he matado en este momento?

Creo que me está sabiendo a dulce la saliva que pasa por mi garganta después de soltar todo ese vómito emocional; lamer el piso después de que la vida te arrastra, hace que se te detenga la sangre, y en un momento, correr hacia atrás; la mandíbula se contrae y después... nada, te encuentras en un limbo, suelto de todo, desnudo, sin obstinaciones, sin piel que cubra las miserias que te hacían un pretencioso. Oh, Dios, ¡tú eres este aire que pesa para elevarme!

Ahora entiendo, ahora veo, sólo la voluntad que todo lo une me despojará de mi nombre sin rostro, sin importancia; sólo escucharé y en un parpadeo ya no seré más, y el que todo lo es, me dirá: ¡levántate y anda!

Caída

Como un gato escondido detrás del escritorio, curando el último arañón del recuerdo, busco un lugar oscuro, una cueva donde pueda tropezar y caer en algún vacío, donde el dolor no sea conocido y que el orgullo se espante por no tener donde golpearse.

Preferiría que, en la caída, el dolor fuera sólo en mis rodillas y no en el alma. En mis manos hay restos de tierra, que sé, me puede cubrir en cualquier momento, cuando de estar arrodillado me encuentre boca arriba.

Soy la venda que cubre los ojos de la vida; cuando esta se cura, sólo cae el pedazo de tela, y en este punto me doy cuenta que no soy lo que veía, sino un mero mito esperando rebelarse en un sagrado tiempo.

Una caída siempre es un delirio; caminas por lugares fríos mirando los rostros que pueden ofrecer refugio a tus miedos, y entonces, las carcajadas del payaso malabarista, que atraviesa la mente, corta la cuerda, enmudece el alba y la noche no llega, porque se ha encapsulado al tiempo entre signos de interrogación.

¡Maldición! Pensé que los gestos de mi corazón arrugado sólo eran por las palabras frías del sereno, deambulando allá afuera en los jardines y tocando a la ventana, como moscos enfurecidos, tratando de lastimar mi dignidad.

¡No! No he enloquecido, tal vez sería mejor eso a estar enjuiciándome cada vez que caigo y quiero levantarme.

La caída siempre tiene cosas esperándote; el primer error que se tiene es pensar que estás en un vacío, falta nada más mirarse los pies y ver a dónde se dirigen con torpeza.

La caída es un camino con señales de humo, en el momento que ya no se ve con claridad la vida, aparecen estatuas rotas, gente que se petrificó por el miedo y a falta de consistencia, no hubo sal para darle sabor a su existencia.

¡Caigo! Caigo como una nota musical perdiéndose entre escalones; mientras unos suben yo bajo.

¿Quién nos mintió llamándonos especie superior? Es más resistente un capullo colgado, ya utilizado y olvidado.

He pensado muchas veces que mi espalda reconocería esa mano siniestra que me empuja y hace caer, no sé por qué, pero puedo imaginar esa risa retorcida, mirando de costado, explicando sus motivos, para hacer de mi vida, una alfombra para sus pies.

Cuántas veces, en un chasquido de dedos, la vida me aprisionó y sólo me dejaba ver a través de ciegas palomas que creían volar, al igual que yo, que creía caminar.

¿Por qué no sólo se retrocede cuando uno se equivoca? Tal parece que el camino no es de tierra, más bien de sueños, y esos pueden ser tan ligeros e insustanciales que lo único firme en el momento, son las ganas que se están pisando.

Nada es cierto y de esto, todo es verdad, entre claros oscuros se pueden tocar las paredes del abismo, sólo basta colocar ambas manos en la cabeza y empujar hacia la decepción y el remordimiento, y después, dejarse ir, entre unos ojos aprisionados por muros líquidos.

Alma que buscas

"El ser humano busca explicaciones para algo que, sólo olvidando puede encontrar".

¿Qué hay que hacer para olvidar si mi alma está olvidada? He trazado líneas en el horizonte sin saber qué hay más allá, quizás alguien hará lo mismo desde su lugar.

Muchas cosas se podrán decir, pero ¿quién conoce el sonido de su alma? La mía suena alta, y, sin embargo, poco la escucho, mis oídos gastados están.

Adentro, más adentro, se escucha una voz que me inquieta y asustado me niego a hacer caso; es la voz de mis momentos ya depurados y pasados por el filtro de la conciencia.

¡Oh, alma mía, eres tú, te veo y te siento! Eres un compendio de todo y todo es poco por describir. Así es como te presentas, desnuda como el viento y arrasando como las olas del mar; tocas mi corazón desde la pluma con la que escribo y mis manos se dejan llevar por tu ritmo, es el sonido universal que sólo los corazones dispuestos saben escuchar.

¡Oh, alma mía! Estás presente y manifiestas tus colores cuando estás entre sombras, esperas el total olvido para resurgir inesperadamente.

¡Alma mía! Gracias por acompañarme en este viaje tan largo. La jornada de la existencia es dura, pero a tu sombra mi cuerpo y mi corazón se refrescan.

Alma que me buscas, espero tu encuentro cuando todo esté olvidado y apremie la esperanza.

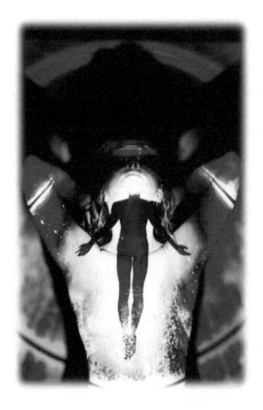

El perdón

"Creo que lo mejor del amor, es saber perdonar".

El que perdona con el corazón sabe a conciencia lo que es amar y llena su alma de luz divina, la cual no permite que la oscuridad de la soberbia entristezca su vida.

Perdonar es la ausencia de ti mismo, es decir, perdonar es ser menos tú y permitir que la esencia de la vida se manifieste para sumar cualidades y multiplicar virtudes.

Perdonar es abrazar la sombra del error, y una vez consumido por el fuego de la certeza, se abren los brazos y se nota en las manos un par de clavos.

Ahora entenderás, que sólo en tu comprensión está la decisión de perdonar como el Cristo, o de ser olvidado en la espesura del tiempo.

Abandono

"La única renuncia válida, es a la apatía".

El abandono del humano por sí mismo, hiere al corazón y mutila los sentimientos, llevándolo a un estado de descomposición espiritual.

El abandono del humano por el humano siempre será un poema incompleto, una falsificación de virtudes, una historia a medias.

Tras la cortina de los lamentos, las buenas intenciones sólo son artículos para un salón de baile.

¿Son igual de largas tus manos que tus intenciones?

¿Son tan cortos tus pies como tu ímpetu para ayudar a tu semejante?

Hay una marcha de hormigas en mi cabeza, pensamientos que desfilan con torpeza, hemos crecido como la caña de azúcar, entre nudo y nudo nos hemos ahorcado la libertad.

Hemos nacido de la tierra y hemos realizado luz artificial para iluminar nuestras fantasías.

¡Camina, camina!

¿A dónde vamos?

Sembremos juntos otro árbol del conocimiento, no para notar que estamos desnudos, sino para descubrir que a ti como a mí nos duele lo mismo.

Ya es más de medianoche y la llama de la vela se reduce como mis ojos somnolientos. Hay un búho allá afuera y canta con tal fuerza como si quisiera despertar a la luna y ver llegar el día, ver un mañana que no debemos dejar para después. Ahora es el momento de hacer una diferencia, unámonos y hagamos fermentar nuestras voluntades, y que esta, se esparza como una peste y que nos infecte a todos de solidaridad y empatía.

¿Has notado cómo brilla el sol con ojos nuevos?

Lágrimas

"No hay una gota igual, siempre se es diferente".

Cuando una lágrima cae, los cielos se abren sintiendo el vuelo de las aves, anunciando que una estrella se ha transformado en una gota mensajera, lleva consigo la corriente de la vida, arrasando y limpiando el camino de las emociones.

Una lágrima es una escalera que lleva de las alturas al corazón, de lo divino a lo terrenal. Es un recuerdo a nosotros mismos para sentirnos heridos, cautivados, vivos.

Una lágrima es un ocaso de sol donde todos la pueden mirar, también se puede manifestar desde lo oculto.

Una lagrima es hacedora de posibilidades y sanadora de alegrías, ya que en estas también se sufre como una embriaguez nocturna.

Cualquiera diría que se pierde la razón, pero nada más cierto que en el amor todo se pierde, se pierde el miedo a dar, se pierden las horas, se pierde la cabeza, porque el corazón toma control de toda decisión; también se ganan noches de desvelo, cuadernos llenos de poemas, lágrimas de miel con sabor a sal y ganas de morir cuando todo sale mal.

¡En fin! El amor se manifiesta cuando ante lo ganado y lo perdido, entre la razón y los motivos, se alcanza a formar una perla de extrema belleza: ¡Lágrimas divinas, sublime sensación!

Si te despiertas por la mañana

Abrir los ojos después de una larga noche durmiendo, supone un agradable descanso, pero no siempre es así; por las noches en los sueños, nos enredamos con la cobija en los pies y de esta forma perdemos el equilibrio, lo mismo sucede con los ojos abiertos, los enredos que vamos tejiendo durante la vida nos hacen sudar plomo, y de esta manera, nos es difícil sentirnos ligeros.

¿Quién puede asegurar si despertaremos a la mañana siguiente?

¿Quién puede asegurar que no hemos muerto por la noche y sólo estamos en el tránsito de una resurrección?

No sólo se cae por dar pasos equivocados, también se cae en el sueño de las costumbres, en la ilusión del día, y como monedas de la suerte, nos dejamos ahogar en una fuente, en donde la mano más rápida, tiene más posibilidades de obtener un milagro.

Buscamos los brazos de la oscuridad, el refugio perfecto, para sosegar los dolores de la victoria y el entusiasmo de los errores.

La noche devora lo evidente del día, pasando por la garganta de las horas, deglutiendo el desecho de los deseos y transformándolos en un parto nocturno, dando lugar al acertijo de la vida, tirando de pies y manos a la neblina del misterio.

Cuando las plumas del gallo golpean en su pecho y el canto es un recordatorio para el cuerpo, nadie sabe qué pasa en esa muerte disoluta, sólo los que han regresado conscientemente, saben, que despertar por la mañana, significa haber regresado con algo más en las manos: nuevas oportunidades.

Provocación

¿Cómo se hace luz dentro de uno?

Uno provoca la luz cómo se provoca la verdad, como una lámpara de aceite interminable.

Así mismo, cuando miro mis manos y noto más arrugas, veo en ellas, un camino que las corrientes de una tormenta han dejado.

Bello rastro de un apacible río siento mi frente, lágrimas de mis ojos brotan sin avisar, cuánta tristeza, cuánta alegría, todo ello es sin duda un ayer, un ahora, estaciones del año pasando por mi cuerpo; el faro del conocimiento va guiando en el océano de la vida y sumergido en las profundidades del movimiento y la quietud, sin reserva alguna me doy en todo a la vida, hilando sueños como gotas de rocío en una telaraña.

En el gran salón del universo cuelgan todos mis deseos convertidos en estrellas, todos estos momentos corren por mis venas. Cuando el amor transfigura todo, parece igual pero no lo es; hay una fiesta donde no hay nadie, sólo la existencia y tú, a veces me lleva a la cima del cielo y otras me insta a volver.

Así es mi vida, como un sol tempranero que se permite ver sin lastimar y calienta sin quemar; tan fuerte como la voluntad de un ciego que anhela ver, y como un niño, que no le importa dejar todo atrás, simplemente correr y correr.

Así es mi vida, llena de versos de colores, y en la ventana de mi cuarto se asoman las primeras y últimas horas de un día.

Gracias, Dios mío, ¡por ser conmigo en esta dicha infinita!

Sin cuentos

"Dime como piensas y te diré que cuento te has creído".

Antes de que salga el sol y toque a mi ventana el primer rayo de luz, la plegaria matutina abraza mi corazón; es la hora en que las almas que tienen esperanza de encontrar algo, se desnudan ante el universo, arrojando a la tierra, todo lo que está por demás.

Junto las manos para atrapar un pedacito de cielo, que posiblemente me dé una sensación de libertad.

Cuando la maleta de sueño se vacía y no queda nada, es más fácil llevarla a otra parte y volver a meter en ella nuevas historias.

He mirado a los ojos de las personas y he visto un cuento largo y de cortas palabras.

Sólo es un cuento que nos inventamos al mirarnos al espejo y creer que somos lo que vemos.

Sólo en un cuento, el príncipe azul y la vida color de rosa viven sin lamentos.

Sólo es un cuento cuando las palabras oscuras quieren pintar tu realidad.

Sólo es un cuento cuando levantas la vista al cielo y crees que ya has visto todo.

Todo es un cuento que puedes poner en una botella y tirar al mar; al final lo que importa es lo que escribes con la pluma de la conciencia, y quién en su camino, la encuentre golpeando a sus pies.

Hecha a la medida

"No hay cosa tan útil como un pegante que une algo que se ha separado".

¿Acaso el alma se puede curar?

¡El alma no se puede curar!

Ella está hecha de curaciones, nace del barro de la incertidumbre y la esperanza; no es un corazón palpitando en una mano, es el toque de Dios en las manos de aquel que dibuja en el horizonte, corazones que nada puede lastimar ni endurecer.

El alma es un girasol asomándose entre la maleza de la nostalgia, es un atrapasueños pegado a la cabecera de una cama.

El alma se manifiesta en el vuelo de la inspiración y aspira el aire donde flotan las inquietudes de la vida.

Ella vibra con la voz, se limpia con las lágrimas, sabe a reconciliación y se le puede escuchar allá en la lejanía donde vive la conciencia.

El alma es un pedazo de cielo y una hoguera ardiente; en sus llamas se queman las dudas, y el vapor que emana ayuda a oxigenar las ideas que están moribundas y sin nadie que las reclame.

El alma es un equipaje donde se lleva consigo toda la vida, las emociones y los momentos más memorables, y como miles de aplausos esta suena cada vez que se abre.

¡El alma no se puede curar!

Ella está hecha de curaciones, y espera como un capullo colgando de las ramas de la experiencia, poder nacer de ella misma como el ave fénix… entre sus cenizas.

Soltar las cosas

"Atlas, será libre, mientras nosotros carguemos el mundo por él".

Aferrados a todas las cosas y situaciones, las personas sufren y gozan del consumo diario, de aquello que los mantiene alejados de sí mismos.

Paladeando lo dulce de sus éxitos, también se afecta al cuerpo, van desarrollando una adicción y creando una visión de proyectos, pero no ven que en ello también se les va la vida.

Mostrando una mueca en el rostro, por lo amargo del fracaso, así también una persona afecta su mente y corazón, ya que también esto, es alimento para el sufrimiento.

El destino es el pretexto favorito para conmiserarse ellos mismos, y su justificación siempre serán los otros.

Soltar las cosas permite descansar las manos y volver a retomar con asombro algo que se escapa a nuestro entendimiento.

Soltar las cosas es renunciar a la costumbre del dolor y la apatía, enterrar la mueca para dar nacimiento a una sonrisa y sentirse sin nada que cargar, más que la propia vida.

Ayuno sagrado

"Tal como agua limpia, las ventanas que dan a las emociones, también se deben limpiar".

Hoy me dispuse ayunar, y el día fue tan breve.

Dejé de consumir aquello que no percibo, aquello que no digiero, pero que me consume poco a poco y sutilmente: la fatalidad de las noticias por la mañana; también dejé de lado la conversación de la crítica, por mi garganta dejó de pasar el trago amargo de la ilusión.

Hoy me dispuse ayunar y ser total en mis sentidos, parar la marcha de mi estómago mental y exponer mis ideas, todas colgadas en una cuerda al calor del sol, y por la noche, ponerlas a reposar en agua y al sereno de la luna para que también tengan oscuridad, y así, poder descansar en la cuna de las estrellas.

En el ayuno encuentro la cura a toda esta intoxicación que ha desgastado mi cabeza, como viejos zapatos, donde las pisadas ya son inciertas y desvanecidas.

Desempolvé viejas ideas y les di un retoque de color vivo, abrí mis manos y dejé volar todas las pretensiones que tenía y que retenía con demasiadas razones; pensé que necesitaba más de todo, y el único que rebosaba sano y fuerte era el ego de la ignorancia.

Hoy en este ayuno, he sentido morir como muere el atardecer ahogado en el mar de las emociones, y he sentido nacer en una carcajada, en el saludo a la mañana y en el entendimiento de mí mismo.

"Bendito ayuno, acompañado con una oración al día por cada sentimiento a limpiar, esta es la prescripción supervisada por el gran espíritu que reside en cada conciencia".

El valor de la vida

El valor de la vida, ¿un juego o una seria cuestión?

¿Qué es valor?

¿Cuáles son sus ingredientes?

Entre historias que se deslavan como piedras en el agua, hacemos surgir el oro de los momentos vividos, ¡aquí está el valor que brilla delante de los ojos!

Somos peces que nadamos con suerte, esperando enganchar cuando la carnada precisa nos embelesa para comerla, pero la cuestión aquí, es reconocer, si nos hemos permitido enganchar con la vida.

Estamos dispuestos a clasificar todo y a colocarlo como noticias transeúntes, como algo que está de paso y dejamos escapar la sustancia de las alegrías y las tristezas.

Los ingredientes que componen al valor, bien podrían cuadrarse en una ecuación, invocarse en canciones o en maldiciones que desgastan la voz.

Para crear valor se necesita enganchar con todos los sentidos, sentir que te falta un tornillo o saber que nunca naciste con ellos.

Sin buscar algún método que permita calcular en porciones de tiempo, lo que se tiene que sopesar en el esfuerzo del aliento, porque es con esto que un gallo canta, un pez nada, un ave vuela y una persona gira. Es en ese empuje donde todos tus cuerpos se reúnen; todo aquello que no conoces de ti, queda impregnado como un sello de garantía de que hay un valor que se ha formado.

Todo aquello que permita mezclarse y dar, como resultado, una sensación de llenarte por completo o sentir que te falta el aire, eso es una señal, de que tu vida se ha consumado en un momento.

Ahora lo ves, ahora lo sientes, tu pecho está más ancho y sensible, y te duele cuando alguien quiere profanar tu silencio, pero con agrado puedes mostrar de lo que te has ido creando.

Como un reflejo de agua, muchos buscan refrescar sus ideas en ti.

Como una braza ardiente, muchos buscan purificar sus errores en ti.

Como un viento impetuoso, muchos buscan desahogarse en un grito y que se disipe entre las cosas.

Como tierra fértil, muchos buscan sembrar en ti sus esperanzas.

Ahora podrás darte cuenta, que, para sentir la vida, se necesita existir, y esto sólo sucede cuando enganchas contigo mismo.

Un tiempo

"En un respiro todo se convierte en tiempo".

No sé dónde se perdió la capacidad de asombro, todo cuanto está presente, ha tenido demasiado pasado y futuro.

El tiempo pasó a ser sólo una gráfica de números en un calendario.

En el tiempo las relaciones se aumentan, nunca se pierde algo, sólo se transita por otros caminos y se maduran las manzanas del pensamiento.

Todo aquello que decae con el tiempo, es sólo el cascarón del capullo, donde la transformación y el cambio son necesarios.

Las relaciones físicas como la unión de conciencias, están separadas por un pequeño océano donde no importa la diminuta distancia, sino la profundidad donde se ahoga el pensamiento; preciso decir que no todos se sumergen en esas aguas, y ni todos los que se sumergieron, supieron nadar.

El tiempo es un campo abierto donde puedes invitar a un amigo a mirar un cielo despejado o una tormenta por llegar. Es algo maravilloso, es fuego que purifica cuerpos y corazones, es viento que te lleva a cualquier parte, es agua recorriendo tus ojos cuando lloras de placer o desdicha, es tierra que un náufrago pisa, después de toda su odisea.

Hasta el tiempo tiene su tiempo, cuando este trasciende y desaparece en la velocidad de la calma, las puertas de la eternidad se abren.

El tiempo es maestro ciego, no mira condiciones ni rostros, siempre da sus lecciones de vida, aunque muchas veces la muerte se sienta en cada desacierto.

El tiempo es abrazo y beso, es compartir una reverencia a Dios mirando los ojos de tu amada, es tocar las manos que están abajo y alzarlas para sentir el viento.

El tiempo es prisma donde se mira la vida del color que se quiera.

¿Has tenido el tiempo para vivir y compartir?

Expiación

"Soltar lo que se cree, para reconocer lo que se es".

No sólo en la oscuridad se puede esconder algo, ante nuestros ojos todo lo visible es la realidad, y aun estando ante un fulguroso sol, tanta luz no permite ver lo que se busca.

Pero, ¿qué es lo que se busca? Tal vez una expiación que invita a vivirse, a sentirse, pero no aquella que condena el alma, sino esa que deshace nudos de culpas y temores fantasmas.

Se dejan caer los párpados como piedras de sacrificio, en lugar de cerrarlos para encontrar los sueños que se han quedado dormidos. En la palabra hay una mediación entre el sonido y el silencio, en lo que se habla y en lo que se calla; una invención navega en la mente, cautelosa divaga en lo más recóndito de la ignorancia y se manifiesta donde nadie la ve, es esa idea que no puede mirarse a un espejo, porque entonces se daría cuenta de que no existe. Una vez que la cordura se hace presente, la prisión de las ilusiones desaparece, entonces el corazón desata su expiación y aquello de lo que pudiera carecer, lo encuentra en el perdón de sí mismo, en donde nacen los sueños y se gestan las verdades, y, a decir verdad, alza la mirada porque nada se ha perdido, sólo se ha olvidado que eres una partícula divina que necesita reconocerse en el espejo de la vida.

Ansias

"El ansia y la contemplación van de la mano, solo los separa un escalón".

Hoy, he notado una nostalgia en mi librero, todos los libros hablan de suicidarse, uno a uno, van cayendo de mis manos y no sé cómo guardar tantas palabras en un lápiz; tú que eres mi punto de apoyo, como muletas para mis piernas lastimadas, te has sembrado en mis pies y no camino sin tus raíces a cuestas.

Hay en la tierra un olor a fresco, es el cuerpo de mujer que está pariendo vida.

Quisiera hacerte un regalo, tal vez una carta o quizá el murmullo de Dios hablando entre árboles y calles.

Somos como dos gotas de agua en una ventana, que después de una tormenta se buscan al caer, eres el ingrediente perfecto que se descubre en una distante montaña.

Te miro en el final del mundo que soy yo, porque en mi cielo te acuestas y cada nube es una intención de tocarte.

Callas mis labios con tus dedos y me invitas a saborearte en cada respiro.

Tú eres mi pretexto favorito; miro al sol buscándote, miro las tinieblas buscándote, nada me afecta y nada me aterra. Cuando las lágrimas de Dios tocan nuestras almas, nos desarmamos como hojas de otoño; cuando una risa de Dios escapa, ten por seguro, que alguien está renaciendo.

Si la memoria no me falla, he gozado tu presencia, también he sufrido tu ausencia, pero más aún, me he complacido con ambas cosas, porque esto es un caos donde nace todo sin sentido, y con mis sentidos despiertos, miro tu rostro en el pozo profundo de tu voz. Te esperaré en mi balcón por la mañana o te soñaré en la intimidad de mi cama, cualquiera que sea el caso, te espero en la playa de mis anhelos.

Verbo

"Todo movimiento es verbo, todo habla".

En el principio es el verbo, y en el corazón del humano una cumbre nace, donde el sonido puede hacer eco.

Al imaginar, la cuerda de los sentidos se une, al igual que una aguja hilvanando pedazos de tela, esa tela que necesita ser rasgada, develada, para conocer la misma naturaleza que nos da origen.

Hay una urgencia por desprendernos de las vestiduras de la vergüenza; ser sensible al toque del amor, es igual a ser besado por lo divino.

La vida inicia explorando a través de los labios y por ellos padecemos o disfrutamos de lo dicho.

¿Qué se está creando al hablar? ¿Qué se está transformando?

Hay un juego de palabras queriendo salir de la boca y una lengua de oro enriqueciendo todo lo que expresa amor y libertad, dos platos de la balanza.

¡Qué mi voz se escuche dónde está mi vecino! ¿Por qué siempre se quiere gritar muy lejos y no empezar por el más cercano?

Ofrecer los tesoros del corazón indica que tienen que ser descubiertos por la palabra:

"Bien dicha, bien sentida, bien obrada".

Inalcanzable

"**Siempre está al alcance lo esencial de la vida, la transformación**".

Inalcanzable pensamiento sufrido.

Inalcanzable delicia prohibida.

Andar por un angosto camino y mirar una distante luz.

Martillo y cincel en mano, golpeo la piedra en la cual Dios me puso a descansar.

Las manzanas que lo saben todo, caen del árbol haciendo pesada la existencia; afortunadamente los copos de nieve que vienen del cielo tocan con alivio la piel desgastada, recordándome que no todo el dolor es verdadero, ni todo el bienestar procede de una buena acción.

Inalcanzable lo que siempre se busca, al igual que el perro queriendo morder su cola, no dándose cuenta de que es él mismo; así siempre se busca lo que se ha tenido y lo que se es.

Caminamos por un largo pasillo donde nuestros pasos hacen eco y siempre regresan a nosotros con más fuerza.

Igual que un beso correspondido, ignoramos que se ha alcanzado a unir, en un solo acto lo inalcanzable.... ¡La vida!

La ocupación

Se pudiera pensar que, ante un problema, una rápida solución sería cruzar una puerta, y que, con esta al pasarla, encontrar todas las soluciones y poder dejar todo atrás.

En los días cuando el sol quema todas las intenciones, preferimos postergar el uso de los minutos y tomar entre las manos el mejor de nuestros amuletos para que llegue la noche, y que después, la indiferencia nos acompañe hasta la cama, consolando a la vieja versión de nosotros y exclamando: ¡mañana será otro día!

En el comedor, una taza de café con la que también se ahogan los pensamientos.

Observas por la ventana y las sombras de las rendijas caen sobre tu rostro, oscureciendo las distancias; y la silla tan cómoda, abrazándote, sembrando las plantas de tus pies a una alfombra sucia y desgastada.

¡Levántate y anda! Dos palabras que se incrustan en el pecho, un espejo con aliento, una hoja de árbol con su revés de cara, reflexión y acción; poner ruedas a los pensamientos y echar a andar, si buscan altura darle alas, si necesitas enterrar lo obsoleto, usa tus manos para excavar, si quieres fluir como el agua, fabrícate escamas y sé como un pez.

¿A dónde quieres ir?

Eres libre y no te has dado cuenta, tus propias palabras te hacen esclavo, palabras que atan con desidia y resignación.

En la ocupación de los proyectos está el sentirse bien, no basta solo pensarlo ni tener simples intenciones. Ir en busca de lo soñado, de lo que te mueve y muchas veces te quita el sueño, ahí está la gloria de las batallas que se dan por llegar a tus objetivos, ¿quieres tener buena salud, tener propósitos de vida, con todos sus encantos por duros que sean? ¡Ocúpate!

Bien merece ser rechazado o aceptado según tu esfuerzo, pero que no se diga que te faltaron agallas y que la sangre se estancó en ti, faltándote ese fuego que alumbra todo, hasta quemar el último suspiro en lo que haces.

Dedícate a ocuparte; un cuerpo, una mente y un espíritu sin ideas, sin proyectos y sin ejercicio, da lugar a la ociosidad, y esta, mata de a poco las ganas de vivir.

Ocúpate en algo que haga crecer tu espíritu, en algo que te lleve a lo más alto, donde el cambio dé a una nueva persona, ser todo aquello que te emocione y querer compartir con los demás, bien vale el esfuerzo ocuparse en ello.

Recuerda, nadie va a ir por ti, nadie va a hacerlo por ti, ocúpate tú, ¡ocúpate de ti mismo!

Atentamente

"Cuando sacudes tu cabeza, comienzas a poner en orden las cosas que miras con ligereza".

En medio de los ojos del águila está el pico curvo, el que corta el aire con determinación y agudeza.

Abriéndose vuelo, vigila las alturas y domina en el terreno; no se perturba por la bajada porque sabe que no es una caída, entonces extiende sus alas como cortinas al sol y sin dejar rastro, rasga con su voz el silencio de las montañas.

Al parecer su naturaleza no es ser inconsciente, sino poseer la cualidad de la total atención.

Ella, es en nosotros, refugio donde vigilamos nuestros sentidos.

La mente es horizonte que no tiene roca donde posar las garras de la auto observación, por eso siempre se está divagando.

En atención se está presente, en antaño la mente se fuga y en lo venidero también se duerme.

Se baila y se camina, corre y se arrastra. El humano disperso está en todo esto, más olvidado de sí mismo, pierde todos los signos del tiempo por estar distraído y acompañado de todas sus excusas.

En meditación, se debe vigilar la caravana de nubes disfrazadas de pensamientos, disolverlas de un solo tajo, como cuchillo en el agua, y enseguida seguir atento.

Ha bajado el águila de la cumbre para tomar por el lomo a todo aquel que esté hundido en un sueño; lo levanta y lo sacude hasta que sus plumas le cubren, lo anida y le da ojos para penetrar en la quietud y el movimiento.

El aquí y ahora se impregna con los pies al suelo, se vuela con la mente ligera y se vive en todo momento: "atenta-mente".

Por no hacer nada

"No existe la ausencia de movimiento, la contemplación es máximo movimiento".

Simplemente por no hacer nada.

Qué más da, correr por el parque o caminar contando los pasos, escribir unas cuantas líneas o terminar toda la tinta de mi pluma, ir tomado de la mano por alguien o extenderlas libres por el aire.

Qué más da, mirar un cielo estrellado, tirado en la arena del mar o desde la comodidad de una cama.

Qué más da, mirar una fuente de aguas saltarinas o un apacible lago, donde todo se refleja.

Simplemente por no hacer nada, rondaré por las noches donde las luciérnagas dejan su rastro, y llegada la mañana, me renovaré con el rocío de los campos, y el saludo de la gente será una invitación a respirar aún más profundo; como una canción estaré en los labios de todos, con alegría me escucharán las aves y los ríos, las calles y los árboles.

Simplemente por no hacer nada, reposaré en el baile de la existencia y me moveré en la quietud de las mentes dormidas, qué más da si es hoy o mañana, esto lo hago simplemente por no hacer nada.

La historia de tu vida

La historia de una persona es una joya aún no convertida en algo precioso, es una simple piedra que, en la mayoría de los casos, sólo va arrastrando y haciendo más pesado su andar.

Cuando se pule la superficie aparecen las caras brillantes.

La historia de una persona equivocadamente termina escrita por otros.

Son muy pocos los que se impregnan en sus propias hojas, en sus propios pensamientos; para ellos, no hay punto final en las líneas que escriben, siempre hay más por decir.

La historia de una persona es como una planta ofreciendo su olor, el aroma que emana es delicioso, queda en la mente y satisface los sentidos, pero es algo pasajero, por esta causa, diariamente, hay que cultivar nuevas semillas para que nuestro jardín tenga una continuidad.

Aun cuando ya no se esté en esta vida, siempre habrá alguien que cosechará los frutos nuevos, un ser con historia propia y verdadera.

-Inventarse a sí mismo-

Eco

Si te encuentras perdido, ¡canta y escucha tu voz! El aliento que guardas te dará la fuerza necesaria para continuar, como sucede con la noche al día, donde los dos se abrazan en el Crepúsculo dando paso a la separación que no es duradera, pues siempre retornan el uno al otro, consagradamente.

Canta con tus ojos y atrapa con ellos la luz del asombro, canta con tus manos entregándote como heraldo a lo divino.

Canta con tus pies, marcando en las Arenas sueltas, las plantas de la vida que nos ven crecer.

Canta desde el corazón y déjalo escuchar, porque este también tiene su ritmo.

¡Respira! Esa es la forma de encontrarte en ti y darle sentido a la vida.

-Eco... el encuentro con uno mismo-

Complemento

Hay llaves que abren puertas y manos que las cierran.

Hay palabras que hieren al corazón y sonrisas que devuelven la confianza.

Hay encuentro de personas donde se pelea por la libertad, y miradas que contienen toda la paz.

Hay días fríos con un sol que calienta el espíritu, y nubes borrascosas que opacan el resplandor de los sueños en noches cálidas.

El error y la verdad están contenidos en un mismo jarrón; sacar alguno de ellos es como quitar el oxígeno al agua y robar el entusiasmo de los ojos de un niño.

-Una semilla en un vasto desierto, es señal inequívoca de que hay vida, aun donde las apariencias predominen-

Morir involucrados en la vida

Petrificados con una mirada insistente, pidiendo a ese cristo crucificado, elevando plegarias a la deidad que más nos acomode y muchas veces insolentes, caprichosos, dejamos en manos moldeadas de yeso, nuestras complicadas inquietudes.

¿A dónde vamos? Con un pie adelantando la partida, nos dirigimos hacia la contradicción de nuestro espíritu con su cuerpo, arrancamos las hojas del calendario sin comprender la dicotomía en la que estamos encerrados, ponemos las manos sobre el cristal de la ventana y queremos tocar lo que afuera sucede, pero en nosotros, la comodidad nos invita a no arriesgarnos.

¿Cuántas veces hemos puesto sobre el pecho nuestras manos para sentir los latidos del corazón?

Ni aún lo más cercano y fácil por hacer, le dedicamos un minuto de nuestra apresurada vida.

Se cree que la gloria conseguida en las batallas por la vida, nos hacen sentir vivos realmente, y entonces sucede, que cuando los muros del razonamiento en el cual nos escudamos caen, todo se ve entre una cortina de humo y escombros. En el peor de los casos, huimos, y si el trasfondo del camino nos es necesario descubrirlo, nos quedamos ahí, aceptando el presente y esperando que todo se disipe.

He sido testigo del movimiento mientras voy muriendo lentamente, he mirado ángeles lastimados que van sembrando sus plumas en nuestras heridas, esperando que el milagro que hay dentro de la piel brote, dónde el aire que respiramos nos mueva a involucrarnos con pasión a esta vida.

Vivir por vivir, es solo transitar con un cuerpo sin intención alguna, es convertirse en un número que se puede borrar y un insomnio que sólo entorpece a otros.

Hacer lo que se precisa es involucrarse en el hecho, es estar presente y ser un cuerpo completo y no sólo un recipiente de ideas; es poner los pies para que te lleven y las manos para agarrarte fuerte a tus convicciones.

La vida se cubre con una máscara llamada carácter y nosotros somos el listón con el que se amarra.

Morir involucrado en la vida no es un sacrificio, es un agridulce desafío para poder vivir.

Síntomas de luna

"Sensaciones ocultas en la otra cara".

Amo tus ojos, amo tu sonrisa, amo tus manías y tu silencio, vienes a mí como luna nueva y en tu trayecto, traes cosas que en mi pensamiento no existían. Eres revelación no escrita en libro alguno, eres Virgen, aunque te posea y aunque te tenga, eres aún desconocida en lo más profundo.

¿Quién puede abrir tus alas sin antes no madurar tu plumaje?

Porque te tengo y te pienso, porque te extraño y te dejo, así eres como la luna llena, trayendo mareas y cubriendo todo el oscuro cielo con tu reflejo de luz, existes en todo lo que veo, más sin embargo soy corto de vista y quisiera estar en tus pupilas.

Si tu boca me dice sí, mis labios están dispuestos a morir en los tuyos.

Como mengua la luna, tras recorrer noche tras noche todos los corazones poetas, que viven y se desviven por conocer los secretos del amor que los atormenta.

Infierno y cielo juegan en tus manos, luna y sol me das en tu aliento, y como si fuera poco, aún me esperas en tu camino, desafiando al destino y proyectando tu rostro en una luna que, aunque esté de día, siempre estará colgando en un mar de estrellas que sólo miro en tus ojos.

Yo de ti

¿Quién ha dicho que la casualidad nos encuentra mientras caminamos?

Esto lo dijo alguien, que no se dio cuenta, que su piel ya no le pertenecía; el rostro y las costumbres se transforman, una vez que las causas de la vida llegan en forma de mujer.

¡Oh, sí! A mí me sucedió de tal suerte que, ahora, me miro al espejo y empiezo a reconocerme, igual que la luz de una lámpara que alcanza a distinguir de dónde procede.

La boca suelta palabras en oídos despoblados de sensatez, todo esto que hablo no sólo es mío, es de ella también.

Ella es una ambigüedad necesaria para mi vida, es un aire que comprime y expande todos los sueños.

Siempre llega a mí como el oculto día, debajo de los párpados.

Si aparece alguna duda que adormezca los labios para sonreír, ella, inesperadamente me saca de esa ilusión, donde la cobardía se estaciona en cada oportunidad.

La vida es tan breve que nos vertimos como agua limpia en un sucio vaso, desperdiciando el valor de lo que somos y no alcanzamos a descubrir.

Hace falta una agitación congruente para enderezar la espalda y caminar firme ante la vida.

Ella conoce la esencia de mi nombre y yo sólo el cuerpo que lo lleva.

La voluntad es una mujer que empuja a hacer lo que no deseamos, pero que ella, con anticipación, sabe que lograremos la victoria sobre aquello.

Ella es el altar donde florece el amanecer, es el campo donde se persiguen los niños del pasado, es arena que, al soplar el viento, descubre las huellas que han vagado con acierto.

Es una gota de lluvia limpiando el ojo del alma, una flor que, por mucho tiempo, las disposiciones del mundo le han llamado esposa, yo prefiero llamarle de otra manera.

¡Gracias por compartir tu vida conmigo, mi amada Margarita!

Mente fragmentada

"Una tumba con su frío, tiene más realidad que los fantasmas que nos creamos".

La mente es un cristal empañado con el aliento de los placeres desmedidos, si se encuentra distraída, las moscas de la necedad se posan en los claros pensamientos.

Cuando las buenas ideas mantienen el equilibrio de una persona, su mente está unida, todos los sentidos vibran al unísono.

Una mente fragmentada, es la derrota ante un caballo de Troya que seduce y esclaviza.

La costumbre

"Costumbre que me consumes, apenas creo que existas".

Todas las noches, el hombre y la mujer, vuelven al barro del sueño profundo, se entregan sus labios sin haber eternizado primero sus miradas, y sin haber unido sus frentes en una reverencia.

En la cama los dos son abrazados por un gran epílogo, haciéndoles creer que ya todo ha terminado.

Las estrellas alumbran su camino y aún siguen trabajando, haciendo planes y atormentándose en crear y deshacer, como lo harían despiertos.

Sus ojos van de un lado a otro sin descansar, y entonces, cuando la mañana penetra en los muros del silencio, con pies ligeros y manos cautelosas, ambos se levantan del barro del olvido y cubren su desnudez con la acostumbrada forma de empezar el día, y esto se repite sin ellos saberlo.

Ficción

"Un paso más fuera de la línea y nuestros actos se convierten en un suelo falso".

¿Qué esclarecimiento hay ante los ojos de una persona cuando creyendo que podía ver, sólo vivía entre sus sombras?

Alguien que ha mirado el otro lado de la luna, también ha ido más allá de su muerte, por esta razón, en ocasiones deja ver la antorcha con la que alumbra, y en otros momentos, se mantiene en el anonimato para dar equilibrio a su corazón; se ha dado cuenta que, viciando las costumbres, se pierde el orden natural y todo se vuelve ficción.

La encrucijada

Cuando los caminos por los que deambulamos se encuentran llenos de neblina, es difícil ver a más de unos metros de distancia.

En cierta manera, nos puede mantener alerta mientras caminamos, pero nos puede limitar para percibir el encuentro de dos caminos.

La encrucijada de la vida sucede en todo momento, cuando contemplas una hoja de árbol estar cayendo o te niegas a ver esa hermosa transformación, prefiriendo conservar la calma y no cuestionarte nada.

Se piensa que siempre nos dirigimos hacia algo, pero no sucede así, hay caminos que nos encuentran a nosotros, sucesos en la vida pausados, que por algún motivo se desatan uno tras otro.

Es difícil sacar a pasear un cuerpo por la vida, cuando la cuenta pasos que todo lo anota, considera las posibilidades de gastar todas tus andanzas en aciertos o desventajas.

Las elecciones de la vida siempre exigen desgastes en los zapatos, polvo en los pantalones y sudor en las camisas.

No hay transferencia de seguridad en algún camino, todos son inciertos, en todo se especula, he aquí, donde nacen los vendedores de dichas y sueños, los que aseguran tener los señalamientos del camino y que, a su razonamiento, lo que les funcionó a ellos, para ti será lo mismo.

En cualquier situación por donde decidamos ir, las expectativas deben ser mesuradas y adaptarse al entorno, cualquier cruce de camino nos brindará experiencias; el reto será crear un vínculo donde tu espíritu se sienta alto.

Recuerda, no hay malas elecciones, lo que hay, son caminos que no conocen pisadas como las tuyas y necesitan ser limpiados con esmero.

El desierto

"Estar a solas, con un sol por encima de la cabeza, ayuda mucho si se quiere arder el ímpetu".

Escarbar en arenas sueltas, mostrando el propio carácter, requiere un gran esfuerzo y unas manos muy fuertes.

Caminar por el desierto de nuestros pensamientos requiere una gran virtud; mirar a través de las tormentas de arena exige observar con los ojos de un espíritu quieto.

Aguijón

"En el paladar se encuentran los sabores que se le pueden dar a las palabras".

Siempre hay algo que penetra el corazón, que mueve todas las fibras de la carne y que se esparce como tinta en una hoja. La piel va perdiendo su pigmentación y una efervescencia hace contraer las manos hasta romper los muros del entendimiento, reduciendo su autonomía, atándose a otro parecer.

Alguien que no ha sido aguijoneado con una palabra, no sabe que, en la hiel, los corazones se ablandan y las palpitaciones son más prolongadas, con una resonancia que mueve esferas en el inconsciente.

Tener en las manos todo el temor del odio, es empujarlo contra la pared de la reflexión y ponerlo de frente a los brazos abiertos de la compasión.

Solo pensaba

"La magia de la ausencia puede soltar la imaginación".

Hoy al mirarte, he querido encerrar el cielo en una foto y soltarlo en cada abismo en el que estás a punto de caer.

Antes, hasta soñar dolía, pero en el misterio de tu mirada, un día más me diste para creer.

¿Dónde puedo esconder las espigas de mis letras que se mueven con el viento de tu andar?

Coloco todas mis peticiones en el claro de la luna, y alumbro con esa luz incolora las palabras que vuelan hacia ti como luciérnagas en campo Florido de un lluvioso verano.

Sin tocarte la piel, he recorrido con mis labios el cristal de mi ventana; a cada beso coleccionado le corresponde un día de la semana para acompañarte.

Cualquier momento, cuando nos alcance el hilo divino y nos amarre a los dos, seremos la narración más breve de contar.

Supongo, que te seguiré bebiendo en mi café de la mañana, y miraré pasar como insectos recién nacidos, todos esos suspiros que cubren el espacio por donde tú vas.

Corazón de niño

"Cuando la piel nos transforme, el anhelo irá estirando el corazón hasta el cielo".

Conozco a un niño que se me adelantó a caminar, ha tropezado con los juguetes de la vida, ha reído junto a los mimos que dibujan con las manos su realidad.

También ha llorado detrás de la puerta y con un nudo en la garganta, levanta la mirada y dice que todo está bien.

Este pequeño valiente ha sufrido raspones, pero se da tiempo para curarse con la saliva de la aceptación.

Su memoria tiene fantasmas, pero los ahuyentan con su mejor cuento para dormir.

Es caprichoso por momentos, pero en el fondo sabe que sólo es un juego; me ha dado ventaja de ver sus errores y ha compartido sus aciertos, cómo se comparten los dulces o canicas.

Me observa, corre hacia mí y se aleja, me invita a seguirlo, quiere mostrarme el tesoro que resguarda en sus manos, una pequeña caja, pero que en su interior contiene una gran esperanza: la foto familiar.

Algún día estaremos juntos, papá...

Identidad

En los soles ya pasados y desde que las estrellas posiblemente estaban mejor ordenadas, se ha buscado tener un rostro que lo diga todo, pero ¿qué es esto que raspa la cabeza como gusano queriendo hacer su capullo?

Hemos colgado nuestro rostro en la cara de la luna, también nos hemos hecho sólo un reflejo de alguien más.

Nos buscamos también en lo más grotesco, en esa negación de que podemos estar en las narices, en los ojos, en la boca u orejas de otros.

Podemos ser la indiferencia o la voracidad en las ideas, tal vez la melancolía del silencio o la vergüenza de alcanzar una paz que ha sido conseguida con guerras.

Los huesos crujen al igual que una ceja rígida cuando la ira atraviesa a cualquiera.

Hemos juntado el agua de los ojos con las ondinas de los ríos, y en el gesto de otorgarnos una copia casi fiel de nosotros, esta se diluye y se hace profunda en nuestros sentimientos.

En el latir de un cuento somos personajes transitorios, asomándonos por encima de techos formados por tejas, que cada uno ha puesto según su condición mental.

Recordemos que la única forma de ver un rostro es por medio de la claridad, pero mirar la identidad de una persona, esa, sólo se puede, si uno mismo puede irradiar su propia luz.

Hay un anhelo escondido debajo de la piel; vamos andando como libros que necesitan ser leídos, caras cubiertas de historias que pueden enriquecer a cualquiera, pero no encontrar la propia forma, la propia sustancia, es llevar una vida con esterilidad, sin garantías de perpetuar las memorias en una humanidad sin rostro.

Identidad, es toda la vida consumida en pequeñas porciones de tiempo, es una ropa prestada al principio y después lo más nuevo que hayas visto.

La identidad no es un rostro, es tu saber que avanza a través de lo que haces.

Hasta los huesos

"Somos calcio de los sueños, desarrollando amor en la piel".

Cuando dos esqueletos se enamoran, sus carnes visten de colores; unas veces se sonrojan y otras palidecen. Su mundo, su sueño y su muerte, siempre lo compartirán en un beso, y hasta el aliento, no es suficiente, porque cuanto más profundo se va, se llega al otro lado del Edén, y vuelve a comenzar el trance de ojos perdidos entre tanta nada.

Cuando dos almas se encuentran, los huesos crujen y la médula espinal es trampolín para sumergir las pesadillas, o saltar para tocar nubes cargadas de secretos.

Son dos ideas hechas sombra, buscando una luz en su camino para dejar de ser estelas cósmicas y fabricarse de todos los sentidos.

Creación en un beso

"La humanidad se formó de un sueño, nosotros, nos creamos en un beso".

¿Cómo se gastan las palabras cuando se tallan a un oído dormido?

¿Cómo hay manos que marcan a otra piel con el toque de la indiferencia?

Si la vida está desnuda al parirnos, ¿por qué miramos con muchas intenciones queriendo construir con las pupilas?

Todo lo que el agua perpetua, es concebido en un beso, es allí, donde la magia es aliento, donde se puede hablar sin palabras, tocar hasta el alma y mirar como espejo.

Los labios no sólo son dos carnés juntándose, también son dos voluntades con lenguas de fuego, quemando pensamientos y ofreciendo en tributo la ausencia del tiempo, para este deja de existir, cuando dos se dan un beso.

Alas de papel

Cuando encuentras escaleras que han huido por un barranco y cuerdas que sólo sirven para atar la resignación, es ahí donde la expiración de las intenciones da lugar al inicio de la ocupación.

Cuando encuentras en tu infierno las nubes del cielo, y entre una cortina de avioncitos de papel, tus pies se convierten en dos gusanos y de tanto arrastrarse, empiezan a nacer alas, entonces el hierro de tu espalda se volverá una tierra fértil y nacerá todo ser viviente que pueda volar, de esta manera sea cual sea tu sueño, puedas llegar a él de la forma que más quieras.

Ahora ves que los pensamientos se pueden tocar con la porción exacta de esfuerzo, comienzas con alas de papel.

-Escribiendo tus sueños, es como comienzas a volar-

Cuando Dios se fue de viaje

Cuando Dios se fue de viaje guardó las llaves de todos los corazones en un recipiente, dónde las flores cortadas se mantienen abiertas por vivir un poco más; dejó como recordatorio, las perlas de los cielos que se deslizan al amanecer por las hojas de los campos.

Había que detener sus pasos y no dejar que se vistiera de tiempo, ¿hacia dónde se dirige?

Aún no lo sabemos, o quizás sí, o tal vez jugamos a encontrarnos con él.

Antes de salir se miró al silencio y al sumergir sus manos, se convirtió en espejo, dejando en letras de aliento un mensaje, que sólo se lee, con los ojos cerrados.

Fue a conocer lo que hemos creado, hospedándose en cada pupila para permanecer despierto.

-Si te preguntas, ¿cuántos ojos se necesitan para ver a Dios? Solo los tuyos, cada vez que te mires al espejo-

Los ojos de un bastón

En un día soleado llueve esperanza, el olor a café se apodera de su antojo y se mira desde la otra calle en pasos apresurados.

El tiempo puso en su mano a un desconocido, que, con pulso y destreza, caminaría bajo su dirección y haría posible lo no certero.

Ha tropezado con todas las cosas, entrando al génesis de lo oculto y con su vara poderosa, mide los acertijos que traerá el camino diariamente.

Acomodado con la mente alerta, espera escuchar el golpe del bastón y sonríe cuando al timbre de su puerta alguien llega; no hay mejor agenda que el mismo instante que dice: ¡Hola y vámonos!

De día o noche es igual, las calles y las personas siempre acumuladas y distraídas, los que no le conocen, creen que su ímpetu no tiene tintes, pero nada más equivocado que eso, en el universo como en sus ojos, todo se gesta en la oscuridad.

Creemos que la vida se manifiesta al mirar; ciegos, tan ciegos con vista, que sólo notamos el desasosiego de nuestras costumbres, y aquellos que pueden ver desde el corazón y tocar todo con sus latidos, vibran en los colores que no conocen y se mueven con las fibras de sus oídos.

¿Quién ha mirado a los ojos de alguien así?

Si a tu paso, tu pie da con el suyo, comparte tus ojos, sé su bastón de apoyo y permite que él te muestre el mundo que tú no ves.

-Nacemos con ojos por condición humana, pero pocos sienten lo que miran-

Abuela en viaje

Mujer recia, parida en aire totonaca y crecida entre árboles de cedro; atada a la vida con un cordón de fuego, siempre abrazando tus ideas, siempre tú.

Ha llegado el invierno a tu piel, un fresco rocío cubre tu cama, invitándote a ser parte de los verdes cañales y el río, que por las noches es espejo de las almas que son libres, susurra en el canto de los grillos.

En tus sueños me encuentro parado, me muevo de lado a lado para que puedas escucharme.

A solas, contigo misma, el tiempo estaba de sobra, los platos, los vasos, la mesa, cualquier cosa era un buen pretexto para distraerte.

En la casa, el fogón espera el siguiente trozo de leña para seguir calentando, los gatos esperan a un costado de la puerta, asomando de vez en cuando la cabeza; no sé si es asombro o angustia, pero con tu mano señalas a cada uno de ellos, como queriendo poner tu marca, por si alguno te falta.

Arrastras tus pasos, dando calor a la fría tierra y con la velocidad de un sol de atardecer; ocupas la silla, que diariamente te acompaña, frente a una calle de piedras hablantes y polvo sin color.

Entre tus sílabas me encuentro perdido, aunque los niños del viento te ayudan a recordar, recorro las líneas de tu frente, aquellas que son áridas de temores.

Ayer, tantas veces me protegiste en el cielo de tu corazón, ahora al mirar las nubes de tus ojos, quisiera quitarlas con el índice de mi dedo.

He puesto mis manos sobre tus blancos cabellos, y con el peine reluciente de la mañana, da inicio el trabajo del cuerpo, amenazando con tragarse totalmente las memorias, pero tu ímpetu es más fuerte, y si la continuidad de la existencia persiste en ti, esta será bajo tu ley, hasta el final.

-Dedicado a la mujer que me dio su amor y ayudó a crecer, mi abuela, Lute-

Los que caminan hacia atrás

Caminando en sentido del reloj, los que caminan hacia atrás, siempre regresan como lunas agotadas en desvelo.

Con vista pesada entre las cabezas de los perdidos, todos, se han quedado dormidos en el sueño que no tienen sustancia, pero arrulla bajito.

Añorando lo que fue, las manos en el rostro tocan con torpeza en la oscuridad del recuerdo, aquello grato que contenga embeleso.

La tierra en cada paso hacia atrás, va desnudando de a poco, esa farsa de cuerpo que deambula por el tiempo y que quiere vestir de glorias lo que de aire se es.

Oscuro y brillante, ojos que contienen al mundo, todos los caminos son intrigantes, más sin embargo los que ya pasaron son los más seguros.

Un gemido, un dolor, una risa y todas las ansias que corrían por el vientre.

Somos visitantes del recuerdo, mirones de vitrinas adornadas de momentos, sin saber que, cuando el reloj toca en su regreso, nos mueve el alma quitándonos el aliento.

Se dice que al partir de este mundo nos dedicamos a recoger nuestros pasos, tal vez de esa forma se transitan las penumbras, tratamos de ser algo, y como viento, somos cortados por un hilo de luz.

Oprimidos y empujados, la ley de lo divino nos viste de formas, y entre más se retrocede, más color toma el misterioso camino, hasta que, en el destello del nacimiento, todo se vuelve a recordar, ya no hay más peregrinar, ya los pasos no son en la tierra, ni el trayecto es a cualquier parte, el pasado ya se limpió, los ojos y el camino ya no existen, lo nuevo es atemporal y despertar es dejarse caer de espaldas, para entrar en sí mismo.

Los que caminan hacia atrás, esperan regresar como gotas que ya cayeron.

-No regresamos en el tiempo, solo nos encontramos con los mismos pasos que ya dimos... todo es circular-

La máscara que todos llevamos

Todos llevamos puesta la misma máscara, donde la vida deposita todo su cansancio de tanto andar.

La pintamos de colores, bailamos y sufrimos con ella, esta, nos enseña lo más importante que aprender, en el último minuto en que la máscara cuelga del rostro, se deja ver auténtica, asomándose por los cristales de los ojos y mostrando la eternidad en un aliento profundo y vacío.

En el eterno cielo, incontables esencias listas a regresar, y en el terrenal tiempo, todos bailando con la vida y la muerte esperando partir.

Transitando por el sueño de los días, todos somos pasajeros en las alas de una golondrina estrepitosa, y llevada por el vértigo de la velocidad, nos muestra en un parpadeo, una nueva piel y unos huesos creciendo de la nada.

La vida solo es un capullo, donde al abrirse, la muerte asoma su mayor rostro: ¡la misericordia! Puesto que el amor contiende esto dos lados, el nacer y el renacer a la existencia.

-Solo viviendo apasionadamente se logra existir-

La niña sombra

¿En qué pupilas te perdiste?

Viajaste estrepitosa hacia el mundo olvidando tus zapatos cómodos, al distraerte, te gustaste reflejada en los ojos de otros.

Respiraste el cansancio de los demás, creíste que una marcha de cuerpos, que su destino son las cenizas, podría crear esos caminos florido por los que transitabas.

En tus sueños tenías todo, ahora sólo tienes objetivos, cerraste la puerta y negaste que hubiera alguien allí; lo que ignoras, es que tu cuerpo sólo es una parte de tu sombra, esa parte insustancial que vive en el silencio, quisiste ahogarla en un charco de excusas, sin darte cuenta de que en tus manos solo te tenías a ti misma.

Dijiste querer vivir en un solo sentido y no sabías que hay ida y vuelta; del otro lado camina contigo lo que te sustenta, pero no consumes, es esa silueta, donde no toca el sol, pero tiene raíces desde tus pies, está demasiado cerca esperando algún roce contigo, pero el destierro es demasiado lejos, reposa en ese lugar, donde Ángeles sin oficio, apuestan a que les van a llamar.

Tu cuerpo se ha desarrollado, tu mente ha conocido, tu sombra no se ha expandido.

Tú, mujer sustancial, que en la luna descansas, tu voz tiene memoria, tu silencio abraza, pero solo cuando el desencanto empuja hacia ti.

Ahora, tú que borraste los rastros del camino para no encontrarte, disípate en la mañana, en la tarde y en la noche, permite que todo pase, deja que tu mano toque la pared, donde tu sombra te saluda, sólo así el sueño de ayer te mostrará la puerta que quedó atrás, ahora, con más fuerza y luz, tu sombra se unirá en una sola idea, así es el encuentro, tú con la niña sombra.

-Un viaje al más allá, siempre termina en lo más cercano, en lo que negamos de nosotros mismos-

De un libro, la última página

Hojas que pasan entre unos dedos torpes, sintiendo esa piel de árbol contenida en la mano, y pienso que, para contar algo, tiene que impregnarse y quedar preñada una vida.

Deslizando el cuerpo de la memoria, sobre líneas que exigen cada vez su porción de recuerdos, siempre se pasa desde un liviano tránsito, a parecer un caos toda la historia.

Somos producto de lo que la vida lee en nosotros; nos volvemos de muchos rostros y renunciamos a ser genuinos, me pregunto ¿qué pasaría si el final fuera el comienzo?

¿Por qué pasar todo el tiempo por la misma trama? Un destino que siempre está en manos de otros. ¿Por qué no empezar por el final? La parte donde el azar vislumbra su rostro descifrado y se alberga la esperanza de añadir unas hojas más.

Buscar empezar desde lo conocido, lo vivido, lo saboreado, ¿por qué ha de ser un pecado a los ojos de los críticos que no se atreven a pasar las páginas de sus deseos? Son ganas acumuladas que se pusieron en renglones torcidos y aburrieron hasta el más atento lector.

Me quedo con el último pensamiento, donde todo pareciera estar dicho, pero siempre queda más.

Empezar siempre desde la última página promete más sustancia a la vida, todo lo contenido ahí no requiere máscaras, basta sólo continuar la historia, pero esta vez bajo tu propia luz, tu propia pluma y tener valor para empezar desde la última hoja, convirtiéndote en la página final.

-Al igual que los anillos de los árboles, que dejan leer su tiempo de vida, así las personas son marcadas por sus palabras y puestas en las páginas de sus actos-

El niño guarda monedas

Desatado como tormenta de verano, sus pequeños pies primaverales, hacen retumbar las paredes de la casa.

Como mil grillos cantando en pleno día, su voz se desata como elefante amarrado y entonces comienza la fiesta.

Arrastrando por una gastada alfombra, lleva su costalito de monedas y según le parezca, se instala en cualquier lugar a mirar su tesoro.

Un largo silencio se dibuja en sus ojos cuando descubre que las monedas tienen un rostro.

Un nuevo y emocionante desafío será buscarles nombre a sus metálicos amigos, y algún talento que los distinga, del que los demás puedan tener en sus bolsillos.

Con una gran sonrisa escondida entre sus manos, la suelta en todas las cosas que están a su paso, en su frente, se distingue ese sello que una especie de

Ángel llamado niño, desarrolla con los besos que la tierra le ha otorgado.

De varios oficios viste su causa, con uniforme de investigador todo es una interrogación para él.

En todo el caos de su cuarto se respira el orden digno de un genio.

Tiene buena relación con sus guardianes, hay noches que, para sosegar su sueño, es necesario hacer vigilia, hasta que el volcán de su pecho calme.

Cualquiera podría pensar que el costalito de monedas ha quedado perdido, eso a él no le importa, sabe de sobra dónde están sus amigos; los límites de su Reino abarcan desde la voluntad de los demás, hasta el último rincón de la casa.

¡Qué le vamos a hacer! Si el guarda las monedas.

-Trabajo tan impresionante el de los niños, el de educar a los adultos en el significado de las cosas y no en el sin sentido de los objetivos-

Hechizo de luna

Luna blanca llena de deseos, peticiones acumuladas, mensajera atrasada, cansada de ir y venir por las súplicas de los desvelados; has marcado mis manos en el sigilo de tu noche y cada vez que las llevo a mi rostro, veo unos ojos siguiendo mis pasos.

Ignoro lo que has escrito en estas líneas, sin embargo, he quedado atado a los misterios de tu hechizo.

Me resguardo en los muros de mi ignorancia, sin darme cuenta de que ella me sostiene en sus manos, me murmulla con el viento, me acaricia en cada gota de lluvia y me estremece con el frío que deambula por los bosques.

Luna, has hechizado mi cuerpo, todo huele a ti, todo sabe a ti, claro oscuro es tu camino, qué difícil es tu nombre, de cualquier forma que te llame, tú lo abarcas todo en la noche.

Hechizo de mujer, nos has sonreído dando tu mejor cara, sin mostrar tu penosa oscuridad.

Hechizo de todas las edades, has tocado mi corazón, he descubierto que mirarte se me ha hecho un oficio.

Espectador de tu baile, resguardo tus días como un sembrador de emociones; me tienes, te tengo, no lo sé, pero si extiendo mis manos ahí te tengo, atrapada, acariciándote, no sé si para ti de tan lejano que me ves, sólo soy un pensamiento.

-Hechizo... yo le llamo destino-

Dichosos

¿Qué sueñas?

No entiendo cómo puedes estar alimentando mis ojos; aun cerrándolos te miro caminando entre nubes de algodón y entre llamas ardientes que no consumen tu piel.

Sin que la distorsión de mi realidad influya sobre tus manos, deposito en ellas, gaviotas que anuncian la llegada al puerto de la esperanza.

Jugamos a tatuar nuestros sueños con tinta de olvido, cada noche construimos y destruimos nuestro reino.

Dichosos los que sueñan y están despiertos, dichoso yo, que puedo dormir entre tus párpados y despertar en tus latidos.

Cuenta conmigo como cuento una historia, como cuento las estrellas, como cuento las arenas, como cuento las hojas que brotan y caen.

Cuenta conmigo hasta el infinito o en su caso, en donde nace el uno.

Cuando pones por limite tu almohada, los sueños no cruzan esa frontera tan cómoda y terminas sólo teniendo un simple dormir.

La mente es un vaso que se llena de una sustancia llamada deseos; en el corazón se bombean los anhelos y desde las entrañas nacen las emociones, esas que te hacen padecer hambres o te llenan de mariposas el estómago y te ayudan a desarrollar alas para volar alto, donde los sueños se puedan tocar o en lugar de eso, sólo te da una boca para besar el suelo en el que estás parado.

Hay una gravedad en mis palabras, estas flotan queriéndose enganchar a tus pensamientos, cada oportunidad de mirarte es el resplandor de la mañana que toca la ventana de mi alma.

Sigamos soñando, sigamos despiertos, bienaventurados los que sueñan y no se pierden en su camino.

-Si por los sueños nos podemos conocer, sin ellos, dudo que haya alguien ahí-

Arius

Ojos bellos de profundo silencio, encuentro sereno entre la luz y oscuridad, nervio punzante de algún corazón viajero, recorrer las esferas de tu asombro es dejarse tragar por un abismo que mantiene en desvelo a Ángeles y demonios.

Idea concebida en renglones vacíos, mensajero con alas en los pies, tomaste en tus manos la vasija del tiempo, reposando en los laureles de la eternidad, y aquí estás, tomando una piel prestada, que te hará ir y regresar.

Pequeñas manos de flor, donde todas las cosas tocadas cobran vida, la caja de sonidos en tu garganta perpetua la alegría, en donde esta se escapa y le das vida a Pandora, porque también ella fue feliz.

Tras la cortina que aguarda el siguiente paso, se encuentran muros que sólo contienen encierro, pero los tuyos son transparentes, muestran en cada respiro una nota celestial, y aunque en tu llanto se queme todo, la cobija del sueño va cubriendo tu cuerpo, y al dejarte caer en los brazos de la luna, el sol con su fresca mañana espera ansioso para darte el primer beso.

-Si un niño te regala una sonrisa, sé el cómplice de su aventura-

La meta es el olvido

"Una botella llena, es un olvido, hasta que se vacían las expectativas".

Dentro de las posibilidades de toda persona, hay una cadena imaginaria, cada eslabón lleva impregnado oxido de recuerdos.

Igual que un salón de clases, lleno de sillas vacías, al cual necesitamos ocupar y darle un uso, asimismo, la piel se desgasta y las manos sudan el esfuerzo de querer atrapar el listón de una meta fija.

Hay pasiones que subliman a las personas, pero la mayoría de ellas, sólo se justifican con el olvido de sí mismas.

Elemento tierra

Templo andante qué buscas transformación.

Aquí están los pasos donde los hijos del polvo te celebran.

Cuerpos cubiertos de intenciones, haciendo pesado su camino.

Nostalgias pasadas qué se quiebran, con este otoño de resurrección.

No hay sombra alguna donde repartir tanto peso.

Espíritu de la gran señora, en tus adentros se quema todo.

Sólo tengo para ofrecer el tiempo que mis ojos han consumido ignorantemente.

Ahora te puedo ver, te puedo sentir, elemento tierra, gran espíritu que azotas los corazones dormidos y los pones a marchar.

Hay una incubación en mi alma, una montaña creciendo en mi pecho.

Ahora lo sé, yo soy el camino por andar, antes, recorría el de otros y mis pasos se desvanecían al avanzar.

A un costado y al otro, debajo y arriba, la tierra late en mis pies y los nervios invisibles del aire tocan mis manos.

El sello de la vida aparece en la frente y en los labios una flor siempre viva, que se siembra sólo en lo oculto del corazón.

-Somos reflejo de la naturaleza, que busca integrarse en un solo latido-

Las palabras que nunca dijiste

Todas esas noches quisiera negarte como se niega la luna a caer en brazos del mar, cómo se niega el sol permanecer en la oscuridad, como se niega el tributo de la vida a la muerte.

Soy obstinado y muchas veces quisiera consagrar todos los días, donde el sol calienta hasta la médula, pero me detengo cuando tu ímpetu salta sobre mí.

Me arañan tus ojos y tus manos me sueltan en un abismo que contiene fuego, que está hecho de indiferencia, que ni siquiera me toca.

No sé qué es esto que rueda en nuestros días; nos besamos con tanto aliento, que, en cada acercamiento, crecemos a la vida y después basta poner un pulgar en la frente y aplastarnos como orugas, hasta sentir que nos escurre la arrogancia.

Ante mis ojos pasan las estaciones del año, temporales que se dan paso uno al otro, se escapa de las manos todo aquello celebrado, juramentos y visiones encomendadas al destino.

Un invierno que aplasta, al igual que una pisada en la nieve, así marca las horas su ansiedad sobre mi piel, me preguntaste que hacia dónde iba, solo te puedo decir que a donde tus palabras me dirigen; algunas se perdieron en el camino, sin tener rumbo, otras se las llevó el viento, otras ni siquiera salieron de tu boca; sin fuerza no hay aliento, algunas no tenían sazón, faltaban ingredientes.

Nos tallamos los labios como si una flor quisiera salir del pavimento.

Atravesaste las palabras con el cuchillo que no corta, pero lastima, y quedaron tan espesas en el suelo, que nos reflejábamos en una incertidumbre de todos los días.

Dijiste lo que no querías, callaste lo que deseabas, caemos en la trampa que sujeta las palabras, las aprisiona y las hace tan minúsculas, que es imposible que escapen en manada.

La cama y la mesa, nuestros campos de batalla, todos los argumentos han quedado lastimados, han caído como gusanos en el jardín, listos para los pájaros que limpian todo.

Finalmente, nos rodeamos como dos leones, cansados, sin ganas de nada, absurdo parece, pero nuestros poros destilan sanación, las sombras se van difuminando y las frentes se apaciguan como ramas flexibles, dispuestas a recibir el sol.

-Lo siento mucho, las palabras sanadoras siempre deberían llegar a tiempo-

Serpiente de esperanza

"No solo las construcciones caen, también las personas se derrumban si no hay esperanza que les sostenga".

La vitalidad del humano para sostener su cuerpo, no se encuentra en sus piernas, sino en la fuerza del espíritu que está en su corazón.

Tengo un pensamiento que se arrastra como gusano, tiembla porque le están naciendo alas.

Hay un lamento en la tierra, una serpiente emplumada bajando la escalera del atardecer.

Lento, poco a poco, una semilla de identidad va creciendo y nos hace recordar quiénes somos, divino es nuestro origen, teñido de colores de la tierra y el sol y en cada mano abierta, brota una flor.

A pico y pala, rescatamos el futuro de nuestros hermanos, en la cúspide del teocalli, recinto sagrado, podemos ver el resurgimiento de un grandioso pueblo.

Podemos palpar nuestros cuerpos y creer que todo está dicho, pero sólo es el despertar del ser humano.

A través de los ojos vamos a la profundidad de la vida, del universo, de Dios, del gran espíritu que reside y encarna en nosotros.

Aunque en nuestro rostro corra una lágrima amarga, sabemos endulzarla con una alegre sonrisa.

Aunque el polvo de los muros caídos se cruce en nuestro camino, entonaremos el himno de la esperanza, aquel que suena en silencio en el corazón de todos.

Somos bálsamo para curar las heridas en tiempo de incertidumbre.

¡Toma mi mano, dame la tuya! Juntos miremos cómo sube la serpiente emplumada, en el amanecer de nuestro nuevo cielo.

De puño y letra

"Arcanas del tiempo, por ellas vivimos".

De puño y letra, pulso con suavidad y avidez, la hoja, la cual será la matriz que dará vida y luz a mis profundos pensamientos.

Plasmar en un libro lo que el viento habla, es un ahorro de ideas, de conversaciones, de historias, sabes que, al abrirlo, se asomará la inversión de tu tiempo.

Escucho el sonido de la máquina de escribir, es algo hipnotizante, cada golpe de letra lleva en sí más que tinta, arrastra consigo una pausa, un espacio, y después, como avalancha de nieve, cubre toda expectativa hasta que acaba, pero siempre queda la espera de un nuevo tema.

Hay un autoexilio y un regreso cada vez que se abren y cierran las alas de papel de un libro.

Escribimos para dar señales de existencia, para que otros miren por nuestros ojos y palpen con nuestras manos.

Al escribir acercamos el mundo perdido de los niños a los adultos, y es en este encuentro que se manifiesta la autobiografía de cada uno, porque cada historia se hace propia al leerla.

Escribir es desnudar el alma y acercarla a otra, es dibujar con cada palabra los anhelos y los terrores, es caminar por donde nadie ha ido e impregnar en las pupilas la noche y el día, lo lleno y lo vacío.

Escribir es sembrar multicolores pensamientos y recobrar lenguas perdidas en el inconsciente de la humanidad.

Escribir indeleble, perpetua la palabra y al poeta inmortaliza.

Tal como en los tiempos de siempre, de puño y letra.

Sinopsis

El mago de las palabras nos muestra momentos de la vida en una forma reflexiva, las angustias y pasiones; todo lo que cualquier persona puede descubrir cuando se miran las cosas desde un punto más alto.

Estas líneas también pueden ser las tuyas, todo depende qué tan involucrado estés contigo mismo.

A esos valles de caña y sol esplendoroso,
donde el mar mueve todo ímpetu salvaje y un olor a
café, acompaña las letras que son escritas con manos
de agradecimiento.
Gracias, mi tierra querida.

Gracias, mi Veracruz, México.

Made in the USA
Columbia, SC
10 July 2022

63182729R00068